LA JUSTIFICATION

DE LA

JURISPRUDENCE

DE LA COUR DE CASSATION

EN MATIÈRE D'ASSURANCE SUR LA VIE

PAR

H. DUHAUT

DOCTEUR EN DROIT
PROCUREUR DE LA RÉPUBLIQUE A MIRECOURT

Prix : 1 franc

PARIS

LIBRAIRIE MARESCQ AINÉ
CHEVALIER-MARESCQ ET Cⁱᵉ, ÉDITEURS
20, RUE SOUFFLOT, 20

1891

LA JUSTIFICATION

DE LA

JURISPRUDENCE DE LA COUR DE CASSATION

EN MATIÈRE D'ASSURANCE SUR LA VIE

LA JUSTIFICATION

DE LA

JURISPRUDENCE DE LA COUR DE CASSATION

EN MATIÈRE

D'ASSURANCE SUR LA VIE

PAR

H. DUHAUT

Docteur en droit

Procureur de la République à Mirecourt

PRIX : 1 FRANC

PARIS

LIBRAIRIE MARESCQ AINÉ

CHEVALIER-MARESCQ et Cⁱᵉ, EDITEURS

20, RUE SOUFFLOT, 20

LA JUSTIFICATION

DE LA

JURISPRUDENCE DE LA COUR DE CASSATION

EN MATIÈRE D'ASSURANCE SUR LA VIE

Nous sommes loin du temps où le contrat d'assurance sur la vie était obligé de se défendre du reproche d'immoralité et où ses partisans considéraient comme une victoire l'arrêt de réhabilitation par lequel la Cour de Limoges proclamait sa légitimité. (Limoges, 2 décembre 1836, S. 1837, 2 182 (1). Depuis trente ans, il est entré dans nos mœurs à tel point qu'il est devenu la préoccupation constante des pères de famille et la forme la plus habituelle de l'épargne. Au dénigrement systématique a succédé l'apologie sans réserve, et, de toutes parts, parmi les publicistes de tous ordres, économistes et jurisconsultes, c'est un concert d'éloges et une rivalité d'efforts pour lui assurer dans le domaine de l'opinion et dans celui du droit la place la plus large et la plus

---

1. Dalloz. Rép. v° *Assur. terrestres*. N° 312.

hospitalière. C'est à qui prévoira ses exigences telles qu'elles résultent de sa nature ou de l'intention des pères de famille et s'ingéniera à les satisfaire. Au point de vue juridique, cette bonne volonté ne devait pas aller sans rencontrer de nombreux obstacles.

Le contrat d'assurance sur la vie s'analyse, aux termes d'un arrêt célèbre de la Cour de cassation, en date du 15 décembre 1873 (S. 1874, 1. 199), en une double obligation : d'une part obligation pour l'assuré de payer les primes pendant une durée aléatoire; d'autre part obligation ferme pour la compagnie de payer le capital assuré au décès du stipulant ou de toute autre personne. A cette dernière obligation correspond un droit de créance qui prend naissance au jour même du contrat, son exigibilité seule étant différée jusqu'au décès de la personne désignée dans la police.

La situation est très simple, quand l'assuré, en contractant, n'a eu d'autre souci que de grossir le patrimoine qu'il laissera à son décès, c'est-à-dire quand il a stipulé pour lui-même ou d'une manière vague pour sa succession, pour ses héritiers. Dans ce cas la créance qui naît contre la compagnie figure dans son patrimoine dès le jour du contrat, et ses héritiers ne peuvent la recueillir qu'en vertu et dans les limites de leur vocation héréditaire qui ne s'ouvre qu'avec la succession de leur auteur (art. 1122 C. civ.). Il résulte de ces prémisses : 1° que la créance du capital assuré tombe dans la communauté pouvant exister entre le stipulant et son conjoint (art. 1401. C. civ.); 2° qu'elle sert de gage aux créanciers de l'assuré dont le droit est supérieur à celui des héritiers (2093 C. civ.). Ces principes n'ont jamais, à vrai dire, été contestés.

Mais la difficulté commence sérieusement, quand la

préoccupation de l'assuré n'est plus d'avantager sa succession, mais d'investir une ou plusieurs personnes déterminées de la créance qui va naître contre la compagnie d'assurances. Cette hypothèse est de beaucoup la plus répandue dans la pratique parce qu'elle correspond à une situation que le contrat d'assurance a précisément pour but de protéger. Supposez un industriel ou un commerçant à la tête d'une exploitation florissante. S'il était assuré d'une longue vie de santé et de travail, il pourrait, sans témérité, se contenter de l'accumulation de ses épargnes pour subvenir à l'entretien et à l'établissement de sa famille. Mais que la mort vienne le surprendre brusquement en pleine activité et ce sera, pour les siens, avec la destruction de leurs espérances et la disparition de l'aisance de la veille, les privations et peut-être la misère pour le lendemain. L'assurance sur la vie a précisément pour but d'atténuer les conséquences de ces catastrophes. Le père de famille garantit dans une certaine mesure sa femme et ses enfants contre les suites de sa mort, en stipulant à leur profit, moyennant le paiement de primes annuelles, un capital déterminé payable au jour de son décès. Tel est le cas d'application le plus ordinaire du contrat d'assurance, mais rien n'empêche de l'étendre à des situations plus ou moins voisines ou même tout à fait différentes. Ce peut être un parent quelconque, un ami, un bienfaiteur qu'il s'agira de gratifier, un créancier qu'on voudra désintéresser. Quoi qu'il en soit, on comprend aisément que si le père de famille consent à diminuer son bien-être pour pourvoir au paiement régulier des primes, c'est dans la conviction que le bénéfice de l'assurance arrivera dans son intégralité à la personne qu'il a eue en vue en contractant. Si l'émolument du contrat pouvait être absorbé en

tout ou en partie par le jeu de règles juridiques impré-
vues, tomber par exemple entre les mains de créanciers
surgissant à la dernière heure à la suite de revers inat-
tendus, l'assurance sur la vie serait bientôt désertée par
l'épargne qui ne se résignerait plus à tant de privations
pour un résultat aussi aléatoire.

Le père de famille veut donc en toute première ligne que
ses sacrifices profitent au bénéficiaire qui les lui a inspirés.

Mais ce n'est pas tout. Quand il traite avec une compagnie, il est d'ordinaire au début de la vie, ce genre
d'opérations ayant surtout pour but d'adoucir les désas-
tres d'une mort prématurée, et les primes étant d'autant
moins onéreuses que l'assuré est plus jeune. Que d'évé-
nements peuvent venir modifier la situation qu'il avait
au moment du contrat et faire de celui-ci, s'il n'y prend
pas garde, une arme contre lui-même, ou contre ceux
qu'il voulait favoriser. Des enfants lui naissent après
coup : ils seront exclus par leurs aînés, faute d'avoir
été désignés dans la convention et l'on verra dans les
partages une inégalité qui n'existait ni dans les affections
ni dans les intentions des parents. Ceux-ci redoutaient
de mourir jeunes ; ils atteignent au contraire les limites
normales de l'existence humaine. Mais pendant ce temps
le bénéficiaire est décédé, transmettant ses droits à des
héritiers totalement étrangers au stipulant ; ou bien
encore il est devenu indigne de son bienfaiteur ; ou enfin
sa position de fortune rend insignifiante pour lui la
stipulation faite en sa faveur, alors qu'elle serait au contraire d'un grand secours pour l'assuré, s'il pouvait en
ressaisir le bénéfice et s'en faire un instrument de crédit
par une cession ou une constitution de gage.

Pour donner aux pères de famille une sécurité com-
plète, le contrat d'assurance sur la vie doit donc avoir

une souplesse suffisante pour leur permettre de parer
aux dangers de ces différentes éventualités.

La faculté de stipuler pour ses enfants nés et à naître ;
— la certitude que le bénéfice de son opération leur arrivera intégralement sans courir le risque de tomber entre
des mains étrangères ; — et en même temps la possibilité
de se reprendre avant sa mort, si bon lui semble, et de
transporter sur une autre tête les avantages de son contrat, voilà ce que réclame le père de famille.

Ces aspirations diverses paraissent, du moins lorsqu'on les envisage séparément, susceptibles d'être sa-
tisfaites sur le terrain législatif au double point de vue
du droit pur et de l'équité.

Que le législateur, tout puissant sur la forme, considère comme un acte de dernière volonté la clause de la
police désignant le bénéficiaire de l'assurance, et le souscripteur aura tout à la fois la faculté de changer de déter-
mination jusqu'à son décès et le droit de gratifier ses enfants à naître, puisque pour recevoir par testament il
suffit d'être conçu au moment du décès du testateur
(art. 906 C. civ.)

Que s'il préfère partir de l'idée de donation entre vifs,
il ne sera pas forcé pour cela de refuser à l'assuré la
double faculté de révoquer sa libéralité pendant sa vie
et de comprendre dans une même disposition ses enfants
nés et ses enfants à naître.

« Reconnaître aux enfants nés depuis le contrat des
droits égaux à ceux des enfants nés antérieurement, c'est
peut être déroger à l'article 906 du Code civil, mais assuré-
ment, c'est prendre une décision conforme à l'esprit général de notre législation qui veut l'égalité entre les enfants
issus d'un même auteur. Cet esprit éclate dans les articles
1050 et 1051 du Code civil ; cet esprit a inspiré la juris-

prudence qui, dans l'interprétation des articles 1490 et 1527 du Code civil, ne souffre pas de différence au point de vue du partage entre les enfants du premier lit et les enfants de la dernière union de l'époux binube ». (M. Labbé, sous Douai et Caen, arrêts des 6 déc. 1886 et 3 janv. 1888 S. 1888. 2. 97 *in fine*.)

La faculté de révocation de son côté est sans doute contraire à la nature de la donation telle que le législateur l'a conçue et organisée, mais elle n'est pas contraire à la nature des choses. La preuve, c'est que défendue en matière de donation, elle est permise dans toute autre convention. Elle se distingue en effet de la condition purement potestative, de la condition *si voluero*. A l'inverse de cette dernière, elle n'empêche pas la naissance du lien de droit qui subsiste avec elle, puisque pour le faire tomber, il faudra, de la part du donateur, une manifestation de volonté qui ne sera peut-être pas en son pouvoir (Aubry et Rau, IV, § 302, texte et notes 22 et suiv. ; Accarias, *Précis de droit romain*, II, 284).

Par contre, il faut reconnaître que soustraire le montant de l'assurance aux créanciers du stipulant paraît de prime abord contraire aux règles de la morale qui veulent qu'un débiteur fasse tous ses efforts pour désintéresser ses créanciers et leur abandonne tous les résultats de son économie, de son travail et des opérations plus ou moins heureuses qu'il a pu entreprendre. En portant légèrement la main sur ces principes essentiels, ne ferait-on pas le jeu de spéculateurs de mauvaise foi qui, après s'être enrichis par des emprunts, n'auraient plus d'autre préoccupation que d'en transporter sous forme de primes le bénéfice augmenté de leurs épargnes, à leurs héritiers naturels, à la stupéfaction de leurs créanciers désarmés en face d'une succession épuisée ? Ces réflexions sont d'une incontestable gravité. Elles ne porteraient pas toutefois si le stipulant *in bonis* avait disposé entre vifs du montant de l'assurance par une aliénation intervenue sans fraude. Les créanciers qui auraient suivi sa foi subiraient l'effet des opérations qu'il avait conservé le droit d'accomplir. Ils ne pourraient se plaindre que si le législateur décrétait arbitrairement que le droit au capital assuré échappera à leurs recherches dans tous les cas, qu'il ait été transmis par une disposition à cause de mort ou par des actes, soit frauduleux, soit postérieurs à la faillite de leur débiteur. Leurs doléances dans ces diverses hypothèses seraient certainement légitimes. Mais dans quelle mesure ? Il faut prendre garde que, dans le montant de l'assurance, il y a deux éléments bien distincts : le premier est la représentation des primes payées par l'assuré; le second correspond aux chances courues par la compagnie. Le premier seul est le produit de l'épargne, du travail, de l'industrie de l'assuré; il n'est pas douteux qu'il appartienne à ses créanciers. Le second au contraire n'a pas sa source dans son patrimoine; représentant les chances courues par la compagnie, il est véritablement créé par l'assurance et à ce titre il doit échapper aux créanciers du stipulant. A ceux-ci le capital assuré jusqu'à concurrence du montant des primes payées; au bénéficiaire le surplus. A supposer que cette distinction ne soit pas fondée en raison, on devrait l'admettre à titre de transaction entre les droits des créanciers et les attentes des pères de famille.

Une simple considération pratique suffit à démontrer l'excellence de cette solution. Si les bénéficiaires sont entièrement sacrifiés aux créanciers, l'institution de l'assurance sur la vie perdra la faveur dont elle est entourée. Les gens d'un naturel économe continueront à accumuler leurs épargnes. A leur décès, ils laisseront dans leur patrimoine, à la garantie du paiement de leurs dettes, exactement et sans aucune augmentation, les valeurs qu'ils auraient pu employer sous forme de primes à l'acquisition d'un capital supérieur. Les créanciers n'y gagneront donc rien. En revanche ils courront grand risque d'y perdre. Car les placements faits par leur débiteur n'auront pas toujours été entourés des garanties de solidité que peuvent offrir des sociétés puissantes comme les compagnies d'assurances. Mais il faudra surtout compter avec ceux qui ne sont pas doués par la nature ou l'éducation de qualités d'ordre et d'économie. Ceux-là ne manqueront pas, quand ils n'y seront plus maintenus par les liens d'une obligation juridique, de sortir peu à peu de la voie de l'épargne, au grand détriment de ces mêmes créanciers dont on aura trop exclusivement voulu favoriser les intérêts. Malheureusement ces derniers ne seront pas seuls à souffrir de l'abandon d'une institution aussi morale, aussi bienfaisante que le contrat d'assurance sur la vie. Plus qu'eux, la famille d'abord et la fortune publique elle-même pâtiront de cette désertion. Ces dangers n'ont pas échappé aux législations étrangères qui se sont occupées de cette question, et les lois anglaise et belge fourniraient dans le sens qui vient d'être indiqué des précédents à notre législateur. (Voir ces lois dans une note de M. Labbé. col. 12 sous Cass. 7 et 12 février et 26 mars 1877, S. 1877 1. 393, et dans Dalloz, Suppl. au Répert., v° *Assurances terrestres*, n°ˢ 274 et suiv.)

Voilà le bénéficiaire garanti, dans une mesure équitable, contre les recherches des créanciers de l'assuré. Mais il ne doit pas attendre de la largesse du législateur que celui-ci le mette à l'abri des réclamations des

héritiers de l'assuré. S'il est incapable, la libéralité faite
à son profit sera nulle; s'il est lui-même héritier en
présence de cohéritiers, il sera tenu au rapport; s'il a
été avantagé au détriment de la réserve, il devra subir
la réduction. Et l'objet qu'on prendra en considération,
lorsqu'il s'agira d'appliquer ces différentes règles, ce
sera le montant de l'assurance et non les primes ac-
quittées. Cette conséquence s'impose si l'on considère le
droit au capital assuré comme transmis en vertu d'une
disposition soit entre vifs, soit testamentaire. Dans les
deux cas l'objet de la libéralité n'est autre en définitive
que le capital assuré tout entier. Mais cette solution
s'imposerait même dans un système qui verrait dans le
montant de l'assurance deux éléments distincts dont
l'un, constitué par les primes, serait seul sorti du patrimoine de l'assuré, et dont l'autre serait entièrement
créé par l'assurance. Il ne faut pas perdre de vue, en
effet, que si le souscripteur de la police ne s'est dépouillé
matériellement que des primes, il aurait pu, moyennant
ce seul sacrifice, augmenter son patrimoine du capital
assuré tout entier et qu'il y a renoncé volontairement.
Quant au bénéficiaire, il n'est pas douteux qu'il re-
cueille, sans bourse délier, le montant du contrat. C'est
pour lui un enrichissement pur et simple dans cette
mesure. Le législateur ne pourrait donc pas, sans inconséquence, lui permettre de conserver le capital assuré au
mépris de celles de nos règles successorales auxquelles
on attribue un caractère d'ordre politique. Ce serait
permettre de faire indirectement ce qu'on ne pourrait
faire directement et cela dans une matière qui touche
à la base même de notre organisation sociale. Ce serait
la destruction du principe d'égalité comme résultat du
rétablissement d'une sorte de droit d'aînesse.

Telles sont, rapidement esquissées, les vues générales dont le législateur aurait à s'inspirer dans le travail de création d'un régime applicable à l'assurance sur la vie. Satisfaire simultanément les exigences diverses de cette institution, les circonscrire dans les limites inflexibles que leur assigne l'ordre public, fondre ces intérêts opposés dans un système homogène dont les éléments multiples s'harmoniseraient entre eux, c'est là une œuvre délicate et d'une réalisation difficile, que cependant la pratique judiciaire, en l'absence de toute intervention législative, a dû entreprendre, avec les seules ressources du droit commun.

Parmi ces ressources il en est deux qui se présentaient d'elles-mêmes aux pères de famille désireux d'investir un tiers du bénéfice d'une assurance sur la vie. Ce sont la donation et le testament employés en suite d'une stipulation pour soi-même.

Mais si la donation, quand elle est acceptée en temps opportun, peut soustraire la créance du capital assuré à l'action des créanciers du donateur, elle a le double tort d'en dépouiller également ce dernier d'une manière irrévocable et de ne pas lui permettre d'en gratifier ses enfants à naître (art. 906 C. civ.). Le testament de son côté a des avantages et des inconvénients diamétralement opposés. Il peut s'adresser aux enfants à naître et permet à l'assuré de se ressaisir durant sa vie, mais il laisse aux créanciers la priorité sur le légataire. L'une et l'autre, avec leurs formes solennelles, nécessitant un acte spécial en dehors de la police, sont d'un usage peu pratique.

Aussi a-t-on cherché dès le début à placer notre opération sous la protection de l'article 1121 du Code civil qui valide exceptionnellement les stipulations pour autrui, quand elles sont la condition d'un contrat qu'on fait pour soi-même ou d'une donation qu'on fait à un autre. L'obligation imposée à la compagnie de payer entre les mains d'un tiers, n'est-elle pas un mode, une charge d'un contrat personnel à l'assuré? On se refusa longtemps à le reconnaître, l'assuré ne stipulant pas pour lui-même et n'acquérant personnellement aucune créance contre la compagnie. Recourir à l'article 1121, c'était risquer d'encourir l'application de l'article 1119 qui prohibe les stipulations pour autrui. Il fallait chercher ailleurs une combinaison plus sûre. On crut la trouver dans l'idée d'une gestion d'affaires.

Le souscripteur, dont la mort doit être désastreuse pour le bénéficiaire, n'a-t-il pas le droit de prémunir ce dernier contre les conséquences de cet événement, en prenant en main ses intérêts, en faisant son affaire? Il n'aura joué, lors de la conclusion de la police, que le rôle d'un porte-parole, dont la personne se sera immédiatement effacée devant celle du maître. C'est sur la tête de celui-ci que la créance se sera fixée *ab initio*. Aussi toute ratification de sa part pourra-t-elle intervenir à n'importe quelle époque, soit avant, soit après le décès de l'assuré, cette ratification ne faisant que confirmer en sa personne une qualité antérieure. Quant aux primes, il devrait les rembourser à l'assuré à titre de frais de gestion, si celui-ci n'avait agi avec une intention libérale et n'avait renoncé à lui en réclamer le montant. Enfin il est sous-entendu que si le bénéficiaire ne peut, pour une cause ou pour une autre, recueillir le montant de l'assurance, l'émolument en reviendra aux ayants cause du gérant.

On a vivement critiqué cette théorie. « Comment ne pas être frappé, a-t-on dit, de tout ce qu'il y a d'artificiel et de compliqué dans l'interprétation proposée, surtout quand on songe que la convention à analyser est simple par sa nature et ne révèle par aucun signe extérieur les combinaisons multiples que l'on s'efforce d'y découvrir? Car, il ne faut pas l'oublier, un contrat ne peut renfermer autre chose que ce que les parties contractantes, dont il est l'œuvre, ont voulu y mettre..... Toutes ces suppositions ont-elles un fondement quelconque dans les termes employés par les parties pour exprimer leurs intentions? Ces dernières ont-elles jamais songé à procéder ainsi qu'on leur en prête la pensée? Et en se faisant plus ingénieuse qu'elles ne l'ont été, l'interprétation n'arrive-t-elle pas à dénaturer le contrat sous prétexte de l'expliquer? » (M. Levillain, D. P. 79. 2. 25.)

Quand un système est défendu par un jurisconsulte de la valeur de M. Labbé, il mérite qu'on l'examine à deux fois avant de le rejeter. Cet auteur ne prétend pas imposer aux parties les règles de la gestion d'affaires contre leur volonté. Il demande seulement aux compagnies d'assurances de varier les modèles de rédaction de leurs polices et de réserver, parmi les différents types de combinaisons possibles, une place à la gestion d'affaires, afin que les intéressés puissent y recourir, si bon leur semble. (M. Labbé, sous Douai, 14 fév. 1887. S. 1888. 2. 49, *in fine*.)

Il est certain toutefois que si cette forme de procéder assure au souscripteur de la police un des avantages qu'il en attend, elle est impuissante à lui procurer les deux autres. Elle soustrait bien aux créanciers de l'assuré, qui n'en a jamais été titulaire, la créance du capital de l'assurance, dont le bénéficiaire a été saisi *ab initio*. Les primes seules pourront revenir aux créanciers de l'assuré si celui-ci s'en est dépouillé en fraude de leurs droits ou après la cessation de ses paiements.

Mais « le gérant d'affaires remplace spontanément la personne intéressée, parle en son nom et veut lui faire acquérir un droit. Il faut que ce droit, qui ne peut résider sur la tête du gérant, puisse immédiatement résider sur la tête du géré. » (M. Labbé, note sous Cass. 2 juill. 1884. S. 1885. 1. 5.) Car c'est à l'instant même où le contrat se conclut que le géré se trouve, à son insu, investi du droit qu'on a voulu faire naître à son profit. Il résulte de ce principe posé par M. Labbé lui-même : 1° que le père de famille ne peut, au moyen de ce procédé, garantir contre sa mort ses enfants à naître ; 2° qu'il ne peut plus se reprendre pendant sa vie et que la créance contre la compagnie lui échappe pour toujours en naissant.

A ces inconvénients s'en ajoute un autre qui est capital. Le géré en effet est censé avoir agi lui-même pour son propre compte par l'intermédiaire du gérant. Entre ce dernier et lui il n'existe, quant au capital assuré, aucune relation d'auteur à héritier, de donateur à donataire et, par conséquent, il se trouve en dehors du cercle d'application des règles successorales. Pour éluder celles-ci, avantager un incapable, ou gratifier un héritier au delà de la quotité disponible, la gestion d'affaires deviendra dès lors un moyen tout indiqué, et il n'est pas douteux qu'on n'y recoure fréquemment (2). Ce sera un chef de maison attaché par ses traditions de famille à des institutions disparues, qui contractera une assurance au

---

2. Les primes seules en effet sont rapportables et réductibles vis-à-vis de la succession du gérant. Il pourrait arriver toutefois que l'avantage attendu de cette combinaison se transformât en un grave inconvénient et que le bénéficiaire fût tenu de rapporter plus qu'il n'aurait reçu. Il suffit pour cela de supposer que les primes payées forment un total supérieur au montant de l'assurance.

2

profit de son fils aîné et à l'exclusion de ses enfants puînés. Ce sera un époux binube qui préférera son second conjoint aux enfants de son premier lit.

Cela étant, de deux choses l'une : ou bien on annulera la combinaison des parties, quand leur intention démontrée aura été de faire fraude à la loi, un acte permis en soi ne pouvant servir à un but illicite (art. 6. C. civ. Voir en ce sens : M. Labbé, sous Cass. 1er juill. 1889. S. 1890. 1. 193) ; ou bien au contraire, on dira, (comme paraît le dire M. Labbé dans une autre note qui serait alors en contradiction avec la précédente), que dans tous les cas la gestion d'affaires doit rester inattaquable, la loi ne refrénant que les libéralités et non les actes qui, sans être des libéralités, peuvent être profitables à leurs bénéficiaires. (Sous Douai, 14 fév. 1887. S. 1888. 2. 49, *in fine.*)

Dans le premier cas, l'engouement du public pour cette combinaison ne sera pas de longue durée. Instrument ordinaire de la mauvaise foi, elle deviendra suspecte et chaque fois que les règles sur la réserve ou la capacité de recevoir seront en jeu, les juges inclineront à croire à la fraude. De leur appréciation des circonstances dépendront dans tous les cas les projets des pères de famille. C'est assez pour que tous ceux d'entre eux qui seront de bonne foi se détournent d'une forme aussi chanceuse.

Dans le second cas, ce sera le renversement des principes d'ordre politique déposés dans la matière des successions. Une telle conséquence suffirait pour faire juger la question controversée dont le système de M. Labbé présuppose la solution. D'après la tradition romaine et celle de notre ancien droit, un acte n'avait le car actère de gestion d'affaires qu'autantqu'il avait pour objet la conservation ou l'entretien de choses faisant déjà partie du patrimoine du géré. (Accarias, *Précis de droit romain*, t. II, p. 573 et 574 ; Pothier, I, 60.) Or l'assurance sur la vie fait acquérir au géré une créance nouvelle ne se rattachant à aucun objet de son patrimoine. Pour qu'une telle opération soit permise, il faut que le législateur ait innové. Aucun texte n'appuie cette manière de voir que l'article 1119 du Code civil combat au contraire directement. Les stipulations pour autrui sont généralement nulles, quand elles sont sans intérêt pour le stipulant. Ce texte trouve des limites dans le quasi-contrat de gestion d'affaires, où le stipulant fait valablement une opération à laquelle il n'est cependant pas intéressé. Mais si la gestion d'affaires peut s'étendre à des objets étrangers au patrimoine du géré, l'article 1119 devient lettre morte, tandis qu'avec le maintien de la tradition ancienne, il conserve une sphère d'application qui justifie son existence et dans laquelle se meuvent précisément les stipulations du genre de celles dont M. Labbé propose l'usage. Un système qui ne peut exister qu'à la condition de supprimer un texte est condamné. Ce n'est plus là de l'interprétation. Il faudrait admettre d'ailleurs que le législateur n'a répudié la tradition que pour placer, à côté des lois successorales, le moyen de les éluder.

En résumé, la théorie précédente repose sur une base contestée. Elle est, de plus, aussi impuissante à satisfaire les diverses exigences de l'assurance sur la vie qu'à les contenir dans de justes limites.

Aussi la Cour de cassation la condamne-t-elle implicitement en proclamant que le contrat d'assurance sur la vie, quand le bénéfice de l'assurance est stipulé au profit d'une personne déterminée, comporte *essentielle-*

ment l'application de l'article 1121 du Code civil. (Civ. Cass. 16 janv. 1888. S. 1888. 1. 121.)

Cette proposition une fois formulée, la Cour la défend contre les objections dont elle a été assaillie. En vain prétendrait-on, dit-elle, que, dans un pareil contrat, l'assuré ne stipulant pas pour lui-même, les dispositions de l'article 1121 ne sauraient être invoquées par le tiers bénéficiaire. D'une part, en effet, le profit de l'assurance peut, dans de certaines éventualités, revenir au stipulant qui retire d'ailleurs des avantages assurés aux personnes désignées, un profit moral suffisant pour constituer un intérêt personnel; d'autre part, il s'engage à verser à la compagnie d'assurances des primes annuelles, de telle sorte qu'à quelque point de vue qu'on se place, il est impossible de soutenir que l'assuré ne stipule pas pour lui-même et que, par suite, l'article 1121 n'est pas applicable. (Cass. 16 janv. 1888, précité.)

C'est sur cette base ainsi justifiée que la Cour suprême a édifié pièce par pièce tout un corps de doctrine, à peu près complet aujourd'hui, qu'on peut ramener aux propositions suivantes :

La stipulation pour autrui, contenue dans une police d'assurance, bien que constituant une libéralité, est affranchie des formes des donations. (Arg. de l'article 1973 C. civ.) — Elle ne peut intervenir qu'au profit d'une personne individuellement déterminée et par conséquent certaine. (Cass. 15 déc. 1873. S. 1874. 1.199 ; 7 fév. 1877. S. 1877. 1. 393, 1re espèce ; 2 juill. 1884. S. 1885. 1.5 ; 8 fév. 1888. S. 1888. 1. 121, 3e espèce.) — L'attribution qui en résulte ne peut plus être révoquée quand le bénéficiaire a déclaré vouloir en profiter. (Cass. 16 janv. et 8 fév. 1888. S. 1888. 1.121, 1re et 3e espèces.) — Cette déclaration peut intervenir à n'importe quelle époque, même après le décès du stipulant. (Cass. 8 fév. 1888, précité.) — Le tiers désigné acquiert dès le jour du contrat une créance ferme contre la compagnie d'assurances, l'exigibilité de cette créance étant seule différée au décès de l'assuré. (Cass. 15 déc. 1873 et 8 fév. 1888, précités.)— Il suit de là que c'est au jour du contrat qu'il faut se placer pour apprécier la capacité du bénéficiaire. (Cass. 8 fév. 1888, précité.) — La créance du capital assuré ayant toujours appartenu au bénéficiaire, l'assuré n'a jamais eu aucun droit sur ce capital qui, d'ailleurs, ne se forme et ne commence d'exister que par le fait même de sa mort. (Cass. 2 juill. 1884, précité.) — Il résulte de là que les créanciers du stipulant ne peuvent, ni exercer leur droit de gage sur ce capital qui ne constitue pas une valeur successorale (Cass. 2 juill. 1884, précité, et 6 fév. 1888. S. 1888. 1. 121, 1ʳᵉ espèce), ni le faire rentrer au moyen des articles 446 et 447 du Code de commerce dans le patrimoine de leur débiteur, puisqu'il n'en est jamais sorti. La restitution des primes seule pourrait être exigée dans ce dernier cas, suivant les circonstances. Cass. 28 mars 1888. S. 1888. 1. 121, 5ᵉ espèce.)— La stipulation faite par l'assuré au profit du bénéficiaire constitue une véritable libéralité à laquelle sont applicables les règles concernant les rapports, soit qu'il s'agisse d'assurer l'égalité des partages entre cohéritiers ou de déterminer à l'égard des réservataires, légataires et donataires le montant de la réserve ou de la portion disponible. (Cass. 8 fév. 1888, précité.) — Toutefois, quand c'est la femme de l'assuré tombé en faillite qui joue le rôle de bénéficiaire, les créanciers ne peuvent l'obliger à rapporter à la masse le montant de l'assurance. Ici ne s'appliquent pas les articles 559 et 564 du Code de commerce.

La restitution des primes seule pourrait être exigée suivant les circonstances. (Cass. 22 fév. 1888. S. 1888. 1.121, 4ᵉ espèce.)

Cette doctrine n'a pas rencontré une seule adhésion parmi les auteurs. Les Cours d'appel ne se la sont appropriée que partiellement et avec hésitation, de sorte qu'elles sont encore loin de lui devoir l'uniformité (3). Parmi les critiques, les plus bienveillants se bornent à l'exposer, ne blâmant pas, mais renonçant à expliquer (note sous Cass. 16 janv. 6, 8, 22 fév. et 27 mars 1888. S. 1888. 1.121); les autres y relèvent des contradictions qui la rendent inacceptable.

La Cour de cassation, disent-ils, voit dans la stipulation pour autrui une libéralité réductible et rapportable. (Cass. 8 fév. 1888, précité.)

Ce principe posé, tous ceux qui ont le respect des notions essentielles du droit en tireront les conséquences suivantes :

1° L'offre de libéralité se dégageant de la stipulation au profit du bénéficiaire devra être acceptée avant la mort du stipulant. Construire une donation entre-vifs avec une acceptation postérieure à la mort du disposant impliquerait contradiction. La donation *entre vifs* suppose en effet *essentiellement* le concours des volontés du donateur et du donataire. Le legs seul peut résulter de l'accord de deux volontés qui se succèdent, sans avoir concouru.

2° Cette offre acceptée, la libéralité est parfaite, mais comme elle repose sur le concours de deux volontés, elle ne peut dater que du jour où la deuxième volonté a été émise. En faire remonter l'effet au jour où la première

---

3. Consult. dans le sens de la résistance. Amiens, 8 mai 1888. S. 1888 2. 177 et 31 janv. 1889. S. 1890. 1. 5 et les notes. Nancy, 18 février 1888 S. 1890 2. 27 et les décisions citées en note.

volonté a été manifestée, ce serait heurter de front
la nature des choses et faire jouer à l'acceptation du
bénéficiaire le rôle d'une condition. Qu'une condition
accidentelle rétroagisse après son accomplissement au
jour du contrat, soit, mais une volonté, destinée à former
le consentement, base essentielle, source initiale d'une
donation, ne pourrait avoir cet effet. (M. Labbé, sous
Cass. 2 juill. 1884, 7 et 12 fév. et 28 mars 1877, précités,
et sous Douai 6 déc. 1886 et Caen 3 janv. 1888. S.
1888. 2. 97.)

3° Enfin si le bénéficiaire a la qualité de donataire,
quand il est en présence des héritiers de l'assuré, il
devra également conserver cette qualité, quand il se
trouvera en face des créanciers de celui-ci. De même
qu'il devrait subir la réduction au profit des réservataires, il devra rapporter à la masse de la faillite le
montant de l'assurance, s'il est le conjoint de l'assuré.
(Art. 559 et 564 du Code de Commerce ; M. Labbé, sous
Amiens, 8 mai 1888. S. 1888. 2. 177.)

Or les conséquences que la Cour de cassation tire de
son principe sont exactement l'opposé de celles qui précèdent. L'acceptation du bénéficiaire peut intervenir après
la mort du stipulant ; — son effet remonte au jour de la
police ; — et enfin la femme de l'assuré tombé en
faillite est dispensée de rapporter à la masse le montant
de la donation faite à son profit.

Cette théorie, conclut-on, a l'incontestable avantage
de satisfaire à la fois les principales exigences de l'assurance sur la vie et les inflexibles revendications de l'ordre
public. Elle permet à l'assuré, par la possibilité d'une
acceptation *post mortem*, de rester le maître du contrat
pendant sa vie ; en faisant rétroagir l'acceptation du
bénéficiaire au jour de la police, elle soustrait le mon-

tant de l'assurance aux créanciers de l'assuré, tout en leur tenant compte des primes ; enfin elle garantit l'application des lois successorales.

Elle témoigne d'un incontestable libéralisme d'esprit, et pourtant elle est arbitraire. Elle a le pressentiment de la loi à venir, mais elle viole la loi actuelle. C'est un ensemble d'affirmations tranchantes et non justifiées. De ses contradictions, il ne peut sortir que l'incohérence Or « la Cour de cassation a pour mission de diriger la jurisprudence dans les voies de l'uniformité ; mais cette direction s'exerce par une autorité presque toute morale. Il en résulte qu'elle est en partie subordonnée aux lois du raisonnement. En présence d'un texte d'une signification douteuse, la Cour suprême peut, il est vrai, avec une assez grande liberté, préférer une interprétation à une autre et la faire prévaloir par sa persévérance. Mais une fois un principe dégagé d'une loi, il est absolument nécessaire qu'elle en déduise logiquement toutes les conséquences. Elle ne saurait imposer aux juges, dont elle contrôle les solutions, une conclusion qui serait en désaccord avec les prémisses par elle posées... L'équité pratique de certaines décisions ne saurait les absoudre du reproche d'inconséquence, et les magistrats d'appel ne seront **pas** enclins à s'approprier des déductions que réprouve la logique. L'uniformité de l'interprétation judiciaire en souffrira. » (M. Labbé, sous Amiens, 8 mai 1888, précité.)

Il est difficile d'admettre que la Cour de cassation ait pu mériter des reproches aussi sévères, et nous sommes bien près de penser que ses interprètes ne lui prêtent tant de contradictions que pour n'avoir aperçu ni son point de départ, ni le fil conducteur qu'elle a suivi dans ses déductions.

Avant d'entreprendre la justification de sa théorie, il est un point sur lequel il faut se mettre bien d'accord, c'est que la stipulation pour autrui est une opération unique dans le domaine du droit. En dehors d'elle, on ne trouve rien qui lui ressemble et, partant, il ne faut pas chercher à l'expliquer par des opérations plus ou moins voisines. (V. toutefois p. 41 note 10). Il faut en particulier mettre de côté cette idée qu'on pourrait l'analyser en une stipulation pour soi-même, suivie d'une transmission du droit qu'on aurait acquis. Si elle avait ces caractères, elle serait régie par les règles générales sur l'acquisition et la transmission des droits et ce n'eût pas été la peine de lui consacrer deux textes spéciaux, les articles 1119 et 1121 du Code civil.

En principe la stipulation pour autrui est nulle. Pourquoi? Parce qu'il n'en sort aucun lien de droit: aucun lien de droit entre le promettant et le stipulant, ce dernier n'ayant pas d'intérêt à l'exécution de la promesse; aucun lien de droit entre le promettant et le tiers qui n'a pas été partie au contrat. Le lien de droit ne peut donc se nouer, ni du côté du stipulant, ni du côté du bénéficiaire.

C'est ce que Pothier nous exprime de la façon suivante: « Lorsque j'ai stipulé quelque chose de vous pour un tiers, la convention est nulle; car vous ne contractez par cette convention aucune obligation ni envers ce tiers, ni envers moi. Il est évident que vous n'en contractez aucune envers ce tiers; car c'est un principe que les conventions ne peuvent avoir d'effet qu'entre les parties contractantes et qu'elles ne peuvent par conséquent acquérir aucun droit à un tiers qui n'y était pas partie. Vous ne contractez non plus par cette convention aucune obligation civile envers moi; car ce

que j'ai stipulé de vous pour ce tiers étant quelque chose
à quoi je n'ai aucun intérêt qui puisse être appréciable à
prix d'argent, il ne peut résulter aucuns dommages et
intérêts envers moi du manquement de votre promesse :
vous y pouvez donc manquer inpunément. Or rien n'est
plus contradictoire avec l'obligation civile que le pouvoir d'y contrevenir impunément. C'est ce que veut dire
Ulpien lorsqu'il dit : *Alteri stipulari nemo potest, in-
ventæ sunt enim obligationes ad hoc, ut unusquisque sibi
acquirat quod sua interest ; cæterum ut alii datur, nihil
interest mea.* » L. 38, § 17, *ff de Verb Obl.* Pothier,
Traité des Oblig. I. 118.)

Que le stipulant, au contraire, ait un intérêt quelconque à l'exécution de la promesse, et celle-ci sera
valable, parce qu'il pourra en exiger judiciairement
l'accomplissement. Le lien de droit sé nouera de son
côté. Toutefois son droit de créance sera d'une nature
spéciale, ce ne sera pas à proprement parler un *jus ad
rem*, un acheminement vers la propriété de l'objet de
l'obligation, puisque n'ayant pas stipulé pour lui-même,
il ne peut réclamer à son profit la prestation promise.
Il n'obtiendra qu'indirectement l'accomplissement de
cette dernière, par la menace d'une action en résolution
du contrat principal, dont la stipulation pour autrui
n'est qu'un mode. « Suivant les principes de l'ancien
droit romain, nous dit Pothier, l'effet de cette condition,
(stipulation pour autrui) se bornait à ce que, faute par
vous d'accomplir la charge sous laquelle vous avez reçu
de moi une somme ou autre chose, j'étais en droit de
repéter de vous ce que je vous avais donné ; car ne vous
l'ayant donné et vous ne l'ayant reçu qu'à cette charge,
il s'est formé entre nous une convention implicite que
vous me restitueriez la chose si vous n'accomplissiez

pas la charge sous laquelle je vous l'ai donnée; d'où naît le droit de répéter la chose par une action que les lois appellent *condictio (seu repetitio) ob causam dati, causa non secuta.* » (Pothier, *eod.*, p. 131.) C'est l'action en résolution de notre droit.

Cette action du stipulant contre le promettant, voilà le seul effet que l'analyse rationnelle, dégagée des précédents législatifs, découvre comme résultant de la stipulation pour autrui. Il n'en découle aucun rapport contractuel entre le promettant et le tiers bénéficiaire, non plus qu'entre ce dernier et le stipulant.

D'après les principes, le tiers n'a aucune action contre le promettant qui ne s'est pas engagé envers lui, mais envers le stipulant. L'intérêt du stipulant au contrat n'a pas fait disparaître la cause qui empêche le lien de droit de se nouer du côté du tiers. Ce dernier n'aura de rapport contractuel avec le promettant qu'au jour où celui-ci, l'exigibilité de son obligation arrivée, lui offrira, pour se libérer vis-à-vis du stipulant, la prestation dont il aura pris la charge. Il faudra bien que le bénéficiaire intervienne à ce moment, si toutefois il consent à recevoir l'objet de l'obligation. Mais l'acceptation qu'il formulera n'aura d'autre effet que de libérer le promettant; elle ne l'aura pas rendu créancier de ce dernier.

Au cas où le bénéficiaire assisterait à la stipulation faite en sa faveur, il pourrait devenir immédiatement créancier du promettant, si celui-ci consentait à s'engager, non seulement vis-à-vis du stipulant mais aussi vis-à-vis de lui, à lui fournir l'objet de son obligation; mais à vrai dire, cette créance personnelle au bénéficiaire naîtrait, non plus de la stipulation pour autrui, mais d'une convention distincte et accidentelle accomgnant celle-ci.

Entre le stipulant et le bénéficiaire, non seulement il n'existe pas, mais il ne peut exister aucune relation contractuelle. Cette proposition, qui est le nœud de la difficulté, est le renversement de toutes les idées reçues. Elle est cependant justifiée par le raisonnement. On parle d'offre de la part du stipulant et d'acceptation de la part du bénéficiaire. Or, une offre n'est autre chose que la première branche d'une opération juridique qui s'appelle un contrat. L'offre a un objet qui sera plus tard celui du contrat, quand les deux volontés se seront rencontrées sur lui (*in idem placitum consensus*). Cet objet, c'est une prestation quelconque, fait ou dation. Cela étant établi, recherchons quel pourrait être l'objet de l'offre faite par le stipulant au bénéficiaire. Ce ne peut être qu'une créance ayant elle-même pour objet la prestation promise dans l'intérêt du tiers. Mais le stipulant n'a pas stipulé pour lui-même; n'ayant rien acquis, il ne peut rien offrir, rien transmettre, à moins que la stipulation pour autrui, contrairement à la notion qu'il faut s'en faire, ne s'analyse en une acquisition pour soi-même suivie d'une transmission au profit d'autrui. Le stipulant est sans doute investi d'une créance mais d'une créance *sui generis* qui n'est autre que le droit de demander la résolution du contrat principal dont la stipulation pour autrui n'est que l'accessoire. Or ce droit de résolution ne pourrait être cédé au tiers qu'avec les actions découlant pour le stipulant du contrat principal, et cette opération, qui aurait pour effet de substituer au stipulant un acquéreur, ne serait qu'une cession ordinairequi devrait être signifiée au promettant, conformément aux dispositions de l'article 1690 du Code civil. Elle n'a donc rien de commun avec l'effet normal de la stipulation pour autrui.

Voilà cette opération, telle qu'elle sort de l'analyse. Elle présente cette double particularité, d'une part, que celui qui peut exiger l'accomplissement de l'obligation ne doit pas en profiter, tandis que le bénéficiaire de l'obligation ne peut en exiger l'exécution; d'autre part, que du stipulant qui s'appauvrit au bénéficiaire qui s'enrichit, il ne s'opère aucune transmission.

Ces résultats sont étranges; mais d'une opération aussi anormale peut-il sortir des conséquences qui ne soient pas exceptionnelles? Tout ce qu'on peut exiger de l'obligation qui en découle, c'est qu'elle réunisse les éléments essentiels à l'existence de tout lien de droit, consentement, objet, cause licite et sanction; or tous ces éléments se trouvent réunis dans l'espèce.

.Le droit positif n'a jamais modifié la situation du stipulant vis-à-vis du bénéficiaire, telle qu'elle résulte de la nature des choses(4). De bonne heure au contraire, *il a créé* entre le bénéficiaire et le promettant des rapports de créancier à débiteur.

D'après le droit romain primitif, le tiers n'avait aucune action contre le promettant. Mais cette rigueur finit par céder devant les exigences de l'équité, et les jurisconsultes, dans un certain nombre de cas favorables, admirent que le tiers deviendrait créancier du promettant même à son insu. (L. 126, § 2, *De verb. oblig.*)L. 9, § 8, *De reb cred.* XII, 1. — L. 9. *De pact, dot.* XXIII, 4. — L. 45, *Sol. mat.* XXIV, 3. — L. 8 C. *ad. exhib.* III, 42.) « Dans toutes ces hypothèses, l'action acquise au tiers n'est qu'une action utile, parce qu'elle est donnée en dehors des principes. » (Accarias, *Précis de Droit romain*, t. II, p. 260 et 261.)

---

4. Sauf l'application des règles sur le rapport et la réduction (p. 34).

« Suivant les principes de l'ancien droit, nous dit Pothier, le tiers qui n'avait pas été partie au contrat de donation par lequel je vous donnais quelque chose, à la charge que vous feriez quelque chose qui l'intéressait, ou à la charge que vous lui donneriez quelque chose, n'avait aucune action contre vous pour le demander ; et cela était fondé sur ce principe que les contrats n'ont d'effet qu'entre les parties contractantes ; d'où il suit qu'il ne peut naître d'un contrat aucun droit à un tiers qui n'y a pas été partie ; mais suivant les constitutions des empereurs, les tiers en faveur desquels le donateur appose une charge à sa donation ont une action contre le donataire pour le contraindre à l'exécuter : c'est ce que nous apprenons de la loi 3, *Cod. de donat, quæ sub. mod.*

« Cet engagement que contracte le donataire envers ce tiers, d'accomplir la charge sous laquelle la donation a été faite et d'où naît cette action, est un engagement *qui n'est pas à la vérité proprement formé par le contrat de donation*, ce contrat ne pouvant pas par lui-même, et *propria virtute*, produire un engagement envers un tiers et donner un droit à un tiers qui n'y était pas partie. C'est l'équité naturelle qui forme cet engagement, parce que le donataire ne peut, sans blesser l'équité et sans se rendre coupable de perfidie, retenir la chose qui lui a été donnée, s'il n'accomplit pas la charge sous laquelle la donation lui a été faite et à laquelle il s'est soumis en acceptant la donation. C'est pourquoi l'action qui est accordée à ce tiers est appelée, en la loi 3 ci-dessus citée, *actio utilis*, qui est le nom que les jurisconsultes romains donnaient aux actions qui n'avaient pour fondement que l'équité : *quæ contra subtilitatem juris, utilitate ita exigente, ex sola equitate concedebantur* » (Pothier, *loc. cit.* p. 131 et 132).

Nous connaissons maintenant l'origine du droit de créance dont le tiers est investi. Il ne lui vient, ni du promettant, ni du stipulant qui le lui aurait cédé après l'avoir acquis pour lui-même. Il le tient de la faveur de la loi qui l'en saisit dès le jour du contrat et à son insu. Il peut sans doute le répudier, si bon lui semble, car nul n'est forcé d'être créancier contre sa volonté. (Accarias, *loc. cit.* p. 260, note 2.) Il est certain aussi qu'il ne pourra plus en être dépouillé quand il aura déclaré vouloir en profiter, car il n'appartient à personne d'enlever à autrui un droit acquis. Mais jusqu'à ce qu'il ait manifesté son intention, son droit sera-t-il susceptible d'être révoqué? Pothier s'est posé la question: Fachinœus, dit-il, et les auteurs par lui cités (Controv. VIII, 89), soutenaient la négative. Au contraire, Grotius, Barthole, Duaren et Ricard, décidaient pour l'affirmative. « La raison sur laquelle ils se fondent, est que le tiers n'étant pas intervenu dans la donation, l'engagement que le donataire contracte de donner à ce tiers, en acceptant la donation sous cette charge, est contracté par le concours des volontés du donateur et du donataire seulement, et par conséquent peut se résoudre par un consentement contraire des mêmes parties, suivant ce principe de droit: *Nihil tam naturale est quæque eodem modo dissolvi quo colligata sunt.* Le droit qui est acquis à ce tiers est donc, selon ces auteurs, un droit qui n'est pas irrévocable; parce qu'étant formé par le seul consentement du donateur et du donataire sans l'intervention du tiers, ce droit est sujet à être détruit par la destruction de ce consentement, destruction qu'opérera un consentement contraire des mêmes parties » (Pothier *eod.*).

Cet exposé entraîne les conclusions suivantes:

1° Le bénéficiaire n'a, d'après les principes, aucune action contre le promettant; celle dont il est investi lui vient de la loi; 2° il n'existe aucun rapport contractuel d'auteur à ayant cause entre le stipulant et le bénéficiaire. Ces deux propositions se lient étroitement. Si en effet la loi intervient pour armer le tiers d'une action directe, c'est que le stipulant n'est pas en état de fournir cet avantage à celui-ci et par conséquent ne peut le lui offrir. Une offre d'ailleurs, tant qu'elle n'a pas été acceptée, n'engendre aucun droit. Or Pothier ne se demande pas si l'offre du stipulant, mais si le *droit* du tiers est révocable tant que ce dernier n'a pas déclaré vouloir en profiter. Enfin une offre non suivie d'acceptation pouvant être retirée par son auteur, on ne comprendrait pas, s'il s'agissait d'une offre à révoquer, que les jurisconsultes cités par Pothier aient exigé pour cela le concours du promettant.

Tels sont les effets de la stipulation pour autrui dans le dernier état de l'ancien droit. Il ne paraît pas que notre législateur se soit écarté de cette interprétation fondée sur la nature des choses. Il s'est en effet manifestement inspiré de Pothier, puisque les exemples de stipulations valables proposés par l'article 1121 sont empruntés à ce jurisconsulte. Il est vrai qu'aujourd'hui la stipulation pour autrui peut être révoquée par le seul stipulant tant que le tiers n'a pas déclaré vouloir en profiter. Mais cette modification aux systèmes antérieurs sur un point de détail autrefois controversé s'explique de la façon la plus naturelle. Qu'importe en effet au promettant que la stipulation pour autrui, qui n'est qu'un mode de son obligation principale, subsiste ou non? Qu'il paie au bénéficiaire primitif ou au stipulant lui-même, il n'en est pas moins tenu de payer. Le stipulant, étant seul véritablement intéressé à ce changement, ne devait pas avoir besoin de l'assentiment du promettant pour le réaliser.

Ainsi s'explique cette finale de l'article 1121, dans laquelle on a vu a tort une application du principe qu'une offre peut être révoquée tant qu'elle n'a pas été acceptée. Les termes d'offre et d'acceptation ne se rencontrent pas dans ce texte. Ce qui peut être révoqué, ce n'est pas une offre, c'est la stipulation elle-même (5).

Cet aperçu historique jette une singulière lumière sur la théorie de la Cour de cassation. Au lieu de partir de l'idée de donation, elle part du principe que le bénéficiaire ne reçoit rien de l'assuré, sinon au point de vue économique, du moins au point de vue juridique.

Le tiers étant investi par la loi d'un droit de créance dès le jour du contrat, on comprend :

1° Qu'il faille se placer à cette époque pour apprécier sa capacité :

2° Que son acceptation puisse se produire même après le décès de l'assuré, puisqu'elle ne fait que confirmer, d'une manière irrévocable en sa personne, un droit antérieur.

3° Que sa créance ne figure pas dans le patrimoine de l'assuré au décès de ce dernier et qu'elle ne puisse être comprise dans l'actif de la faillite de l'assuré (6).

---

5. Comp. Aubry et Rau, §343 et § 346, texte et note 9. Les développements fournis par ces auteurs sons ce dernier paragraphe confirment implicitement notre système.

6. Aux termes de l'arrêt du 2 juillet 1884 précité, le capital assuré n'existe pas dans les biens du stipulant, parce que ce capital ne se forme et ne commence d'exister que par le fait même de la mort du stipulant. « Notre arrêt, dit à ce propos M. Labbé, nous semble avoir confondu ur. fait d'ordre purement économique avec les raisons vraiment juridiques. Cette expression « le capital se forme » fait songer aux moyens par lesquels

4° Que les créanciers de l'assuré ne puissent la faire rentrer dans les biens de celui-ci, au moyen des articles 446 et 447 du Code de commerce, puisque n'en ayant fait partie à aucune époque, elle n'a ljamais pu en sortir.

5° Que la femme du failli ne soit pas tenue de restituer à l'actif de la faillite le capital de l'assurance, puisque la créance de ce capital ne lui vient de son mari à aucun titre.

En conséquence du même principe, le montant de l'assurance ne devrait être soumis ni au rapport ni à la réduction vis-à-vis de la succession de l'assuré. D'où vient donc que la Cour de cassation interrompe ainsi la chaîne de ses déductions ? C'est qu'elle en reçoit l'ordre du législateur lui-même. Aux termes des articles 1970 et 1973 du Code civil combinés, la rente viagère constituée au profit d'un tiers est réductible, si elle excède ce dont il est permis de disposer ; elle est nulle si elle est faite au profit d'une personne incapable de recevoir. Les développements qui précèdent ont fourni par avance la raison de cette disposition. La stipulation au profit d'un tiers

---

le débiteur ménage ses ressources, opère des mises en réserve afin d'être en état de payer. La compagnie rassemble toutes les primes d'une année pour être en mesure de faire face aux exigibilités que produiront les décès dans le cours de cette année. Le jurisconsulte voit les choses autrement. Le paiement du capital n'est que la réalisation d'une dette antérieure. Le contrat a fait naître un droit de créance qui est déjà une valeur dans le patrimoine. La somme d'argent n'est que la représentation matérielle de la valeur idéale contenue dans le droit de créance. Pour savoir qui des créanciers ou des enfants de l'assuré touchera le capital, il faut rechercher sur la tête de qui repose avant la mort la créance contre la compagnie (M. Labbé, note sous Cass. 2 juillet 1884, précité col. 7). Cette critique est absolument juste. Ce considérant inexact et inutile, qui ne figurait plus dans les décisions de 1888 (S. 1888. 1. 121), a malheureusement été reproduit par un arrêt de la Cour de cassation en date du 23 juillet 1889. (S. 1890. 1. 5.

d'une rente viagère ou du capital d'une assurance, ne constitue pas une donation, car le stipulant ne se dépouille pas, comme l'exige l'article 894 du Code civil de la *chose donnée* au profit du bénéficiaire qui accepte. La rente viagère et la créance du capital assuré ne sortent pas du patrimoine du stipulant. Celui-ci n'en agit pas moins cependant sous l'influence de sentiments de bienveillance vis-à-vis du bénéficiaire ; il est guidé par une intention généreuse qui ressemble à l'*animus donandi*. Il fait au profit d'autrui une stipulation dont il aurait tout aussi bien pu se réserver le bénéfice. Quant au tiers désigné, il reçoit sans fournir aucun équivalent le capital assuré tout entier, il s'enrichit donc dans cette mesure. La stipulation pour autrui aboutit dès lors, sinon à une donation véritable, du moins à une libéralité indirecte, *à un enrichissement* que le législateur, pour les motifs exposés plus haut (p. 13) ne pouvait affranchir des règles d'ordre public déposées dans nos lois successorales (7).

Ainsi paraissent devoir s'expliquer les différentes propositions contenues dans la théorie de la Cour suprême. L'examen attentif des termes de ses différents arrêts, principalement des derniers, fortifie l'interprète dans cette croyance. On est frappé en effet de la prudence apportée par la Cour dans le choix de ses expressions. Jamais on ne rencontre, dans ses décisions, les mots de donation, d'offre, d'effet rétroactif, qui seraient cependant si naturels dans le système qu'on lui prête. On y lit au contraire que la stipulation *confère au tiers un droit immédiat*; que ce *droit* peut être révoqué par l'assuré;

---

7. Dans ce système toutefois le bénéficiaire n'est jamais exposé à rapporter plus qu'il n'a reçu, à l'inverse de ce qui peut arriver avec la théorie qui s'appuie sur l'idée d'une gestion d'affaires. (Voir p. 17.)

qu'il devient *irrévocable*, quand le tiers a *déclaré vouloir en profiter*; que les principes généraux qui régissent la formation des contrats par l'acceptation d'une offre sont inapplicables en la matière; enfin la Cour, avec l'article 1973 du Code civil, qualifie la stipulation pour autrui *de libéralité* et non de *donation* (Cass. 8 fév, 1888. précité 3ᵉ espèce).

Voilà le système de la Cour suprême, envisagé indépendamment de toute complication de nature à le gêner dans la rigueur de ses déductions. Mais il peut se trouver en face de deux difficultés principales qui paraissent au premier abord devoir en rompre l'harmonie.

Le bénéficiaire, femme du failli ou autre, n'est pas tenu de rapporter à l'actif de la faillite de l'assuré le capital de l'assurance qui n'en est pas sorti. Mais les primes ont été payées gratuitement par l'assuré au détriment de son patrimoine, dans lequel elles n'ont été remplacées par aucun équivalent, et par conséquent au préjudice de ses créanciers. Si ceux-ci ne peuvent les réclamer, ni à la compagnie qui les a reçues en qualité de créancière et en conséquence d'un acte à titre onéreux, ni au bénéficiaire de la police auquel elles n'ont pas été payées, les règles de l'équité seront manifestement violées.

La Cour de cassation leur donne satisfaction, en décidant que le bénéficiaire sera tenu à la restitution des primes suivant les circonstances. Mais cette solution cadre-t-elle avec l'explication que nous avons donnée de sa théorie et ne va-t-elle pas à l'encontre de cette idée qu'il n'existe entre l'assuré et le bénéficiaire aucun rapport contractuel?

Le bénéficiaire est tenu de restituer et, cependant, il n'est intervenu entre lui et l'assuré aucun acte juridique dont l'annulation l'obligerait à remettre les choses en état.

On ne peut dire non plus que les primes, ayant servi à payer la créance du capital assuré, doivent être restituées, à raison d'une obligation qui serait née de ce fait à la charge du bénéficiaire ; ce serait retomber dans l'idée de gestion d'affaires que la Cour de cassation exclut implicitement.

La vérité, c'est que les créanciers n'auraient rien à réclamer du bénéficiaire s'ils n'étaient armés que des actions de leur débiteur (art. 1166 C. civ.), qui personnellement n'en possède aucune. Mais ils ont des droits propres qui leur sont conférés par les articles 446, 559 et 564 du Code de commerce.

Il faut bien entendre ces dispositions. Elles ne visent textuellement, pour en prononcer la nullité, que les actes de transmission à titre gratuit effectués par le failli. Mais elles ont une portée beaucoup plus large. Ce qu'elles tendent à empêcher, c'est qu'un enrichissement quelconque ne se produise, au détriment du patrimoine du failli et au profit de qui que ce soit, à partir de la période douteuse, au profit de la femme du failli à partir de son mariage. Ainsi entendues elles ne sont qu'une application dans l'intérêt des créanciers, de l'action *de in rem verso*, fondée sur la règle d'équité qu'on ne doit pas s'enrichir aux dépens d'autrui. Or il est certain, au point de vue économique, que les primes dont l'assuré s'est appauvri ont servi, pour partie, à constituer le capital de l'assurance qui correspond, pour l'autre partie, aux chances courues par la compagnie. En tant qu'elles ont été payées dans les périodes fixées par les articles 446, 559 et 564 du Code de commerce, elles se trouvent avoir enrichi sans cause légitime, vis-à-vis des créanciers, le patrimoine du bénéficiaire. Celui-ci est tenu, pour cette raison, exclusive de l'idée de contrat ou de quasi-contrat, de les restituer.

Une autre difficulté, qui n'a pas encore été résolue par la Chambre civile de la Cour de cassation, peut se mettre en travers de son système. La créance du capital assuré n'a jamais été dans les biens du stipulant. Celui-ci est donc impuissant à l'empêcher de tomber dans la communauté qui peut lier le bénéficiaire vis-à-vis de son conjoint. Il résulte de là que, si le conjoint est l'assuré lui-même, la créance du montant de l'assurance subira le sort ordinaire des biens communs et sera le gage des créanciers de celui-ci. Il est certain que si ce résultat était inévitable, le système de la Cour suprême serait bien compromis. Mais il n'en est rien. Pourquoi en effet les biens donnés peuvent-ils être écartés, par le donateur, de la communauté qui lie le donataire? (Art. 1401. 1.) C'est que les effets de la donation ont pour mesure la volonté même qui en est la cause. Ils ne peuvent s'étendre à des personnes vis-à-vis desquelles l'intention libérale ne s'est pas exercée. Or quelle est la cause de l'opération originale qui s'appelle la stipulation pour autrui? Quel est le but juridique immédiat que l'assuré poursuit en s'obligeant à payer les primes? C'est à la fois obliger la compagnie et l'obliger dans l'intérêt du bénéficiaire. Il ne se propose pas d'acquérir contre la compagnie une créance dans l'intention de la transmettre par un contrat ultérieur au bénéficiaire. Cette intention ne serait que le motif et non la cause de son obligation. Ce qu'il veut, c'est réaliser ces deux effets successifs, d'un seul coup, par une seule et même opération; c'est obliger la compagnie en assurant l'enrichissement du tiers désigné. C'est faire naître une obligation dont l'existence soit un avantage pour celui-ci. L'obligation de la compagnie n'est donc en réalité qu'un moyen d'avantager le bénéficiaire. Ce dernier résultat est le but final et la cause unique de l'opération entreprise. Cela étant établi, les effets de la stipulation pour autrui ne peuvent être étendus à des personnes que le stipulant n'avait pas en vue au moment du contrat, et la créance du capital assuré devra rester propre au tiers désigné, si l'on veut respecter la volonté du souscripteur de la police, c'est-à-dire la convention elle-même (art. 1156. C. civ. Comp. Cass. req. 10 nov. 1879. S. 1880. 1. 337) (8).

Nous en avons fini avec cette question tant débattue (9). Nous est-il maintenant permis de conclure que si la Cour de cassation a résolu un problème déclaré insoluble (M. Labbé, note sous Cass. 7 et 12 fév. et 28 mars 1877, précités, col. 12), en permettant au père de famille de faire passer le capital assuré à ses enfants plutôt qu'à ses créanciers, tout en ne se liant pas les mains pendant sa vie, ce n'est pas au prix d'affirmations tranchantes, dépourvues de base légale et impliquant contradiction ? Son système, qui satisfait et concilie tant d'intérêts

---

8. La question de savoir si et par qui il est dû récompense à la communauté qui a fourni les primes doit être résolue par les principes du droit commun. Voir sur ce point Dalloz, supplément au Répertoire, v° *Assur. terrestres*, n°ˢ 478 et suiv.

9. La Cour de cassation n'ayant pas encore eu l'occasion de se prononcer sur le point de savoir si le droit de révocation appartenant au stipulant est personnel à celui-ci ou peut être exercé par ses héritiers et par ses créanciers, nous réservons nous-même l'examen de cette difficulté et dos conséquences qui découlent de sa solution, au point de vue notamment du droit de rachat et de réduction de la police. (Comp. sur ces points Rouen 18 janv. 1884. S. 1886. 2. 225 et la note de M. Lyon Caen.) V. toutefois dans le sens de la transmissibilité du droit de révocation. Cass. 22 juin 1859. S. 1861. 1. 151.

privés, sans sacrifier l'ordre public, prend en effet son point de départ dans les articles 1121 et 1973 du Code civil, dont il fait à notre matière une application justifiée par l'histoire et par le raisonnement,

Les solutions multiples qu'il donne à tant de questions délicates et en apparence opposées, ne jurent pas de se trouver réunies : elles forment au contraire un ensemble entièrement homogène.

Cette théorie ne nous inspire qu'un regret, C'est qu'elle ne paraisse pas autoriser le père de famille à gratifier tout à la fois ses enfants nés et à naître.

D'après la jurisprudence, en effet, le bénéfice du contrat ne peut être attribué qu'à une personne existante. Cette solution est inévitable pour les auteurs, qui font passer la créance du capital assuré de la tête du stipulant sur celle du bénéficiaire par l'effet d'une donation entre vifs. Il faut être conçu non seulement avant le décès du donateur pour recevoir par donation *entre vifs,* mais même au moment de l'offre contenue dans la police. (Art. 906.1. Aubry et Rau, VII, § 649, texte et note 1.) On conçoit même, dans le système que nous avons développé, que la stipulation au profit d'un enfant non conçu ne puisse donner naissance à l'action qui appartient au bénéficiaire contre le promettant, car il faut être au moins conçu pour être titulaire d'un droit. Mais ce droit n'est pas la conséquence normale de la stipulation pour autrui. Il est de création légale et n'a pas toujours existé. L'effet de la stipulation pour autrui, envisagée abstraction faite des précédents législatifs, se réduit à l'obligation qui existe de la part du promettant vis-à-vis du stipulant d'accomplir la prestation promise. Cette obligation n'a d'autre sanction que le droit qui appartient au stipulant de demander, en cas d'inexé-

cution, la résolution du contrat principal dont la stipulation pour autrui n'est que l'accessoire. Or cette
obligation est-elle nécessairement nulle, si la personne
entre les mains de qui elle doit être exécutée n'existe
pas au moment où la naissance du lien de droit est
provoquée? Il ne le semble pas. La convention réunit
en effet les éléments nécessaires à son existence : concours de volontés, objet, cause licite, sanction. Chacun
de ces éléments d'autre part répond aux exigences
légales. La prestation, dira-t-on, est impossible. Oui, si
le débiteur doit payer immédiatement. Non, s'il n'est
tenu qu'à terme, comme dans l'espèce. L'impossibilité
n'est donc pas perpétuelle, mais actuelle et temporaire
(Dalloz, Répert. v° *oblig.* n° 485) ; elle n'est pas absolue,
mais relative ; elle n'est pas certaine, mais éventuelle (10).

Qu'importe qu'elle existe au moment du contrat, si
elle a disparu au moment de son exécution ? Si le bénéficiaire n'est pas conçu au moment du décès du stipulant,
l'obligation du promettant aura été nulle ; dans le cas
contraire, elle aura été valable *ab initio* et rien ne
s'oppose même à ce qu'on admette que dès l'instant de

---

10. (Comp. Cas. civ. 5 juillet 1886 et cas. req. 6 novembre 1888, et la
note de M. Labbé, S. 1890. 1. 241.) La situation dont s'occupent ces
arrêts est analogue à la nôtre. Le légataire universel dont il y est question joue le même rôle que le promettant dans l'assurance sur la vie.
L'un et l'autre sont tenus d'une charge, d'une obligation de faire, dont un
tiers est appelé à profiter. Le légataire doit employer l'objet de son legs
à la création d'une fondation, en faveur d'une personne morale. La compagnie doit remettre le capital assuré aux enfants à naître du stipulant.
Comme il peut se faire que le bénéficiaire de l'assurance ne prenne pas
naissance, de même il peut arriver que le gouvernement n'autorise pas
l'institution qu'il s'agit de créer. Celle-ci est assimilable à une personne
non conçue, ainsi que l'observe M. Labbé. La charge imposée au légataire est-elle pour cela réputée non écrite (art. 900, C. civ.)? Non parce
que l'impossibilité qui l'accompagne n'est que relative et actuelle ; elle n'est
ni absolue ni perpétuelle. Il en est de même de celle qui affecte l'obligation de la compagnie d'assurances.

sa conception, l'enfant aura été investi de l'action que la faveur de la loi accorde à tout bénéficiaire d'une stipulation pour autrui (11).

Si ces idées, pour lesquelles nous demandons un peu de l'indulgence qu'on ne refuse jamais aux efforts de la

---

11. La proposition énoncée au texte n'est en contradiction, ni avec les articles 1970 et 1973 du Code civil, aux termes desquels la stipulation d'une rente viagère est nulle quand elle intervient au profit d'une personne incapable de recevoir, ni avec la conséquence que la cour de cassation tire de ce principe, en décidant qu'il faut se placer au jour du contrat pour apprécier la capacité du bénéficiaire. (V. p. 33.) Les règles générales des donations auxquelles renvoie le législateur ne doivent en effet s'appliquer à la stipulation pour autrui que *secundum subjectam materiam*, dans la mesure permise par la nature de cette opération. Qu'en principe, il faille se reporter au jour du contrat pour apprécier la capacité du bénéficiaire, c'est là ce que la loi et la cour de cassation ont vraisemblablement voulu dire et ce qui nous paraît incontestable. Il en sera ainsi dans l'hypothèse normale d'une stipulation pour autrui pure et simple. Il en sera de même encore dans le cas d'une stipulation à terme, si le bénéficiaire désigné était frappé d'une incapacité relative de recevoir au jour du contrat. Car cette incapacité aura eu pour corollaire chez le stipulant une incapacité de disposer qui aura affecté son opération *ab initio*. Mais il doit en être autrement dans la situation prévue par l'article 906, laquelle est caractérisée par une impossibilité de fait d'arriver à la conclusion de l'acte juridique qui reste inexistant. Ce texte en effet ne renferme pas une probibition légale ; il n'est qu'une application de la règle de bon sens qu'il faut exister pour jouer un rôle dans un acte quelconque, être investi d'un droit, recevoir une offre. Or, en matière de stipulation pour autrui, le bénéficiaire n'est appelé à jouer, ni le rôle de créancier ni celui de débiteur ; il n'est pas davantage l'objet d'une offre. Le contrat se forme sans lui. Son intervention n'est nécessaire qu'au moment de l'exécution de l'engagement. Il faut qu'il existe à cette époque pour que la prestation promise ait été possible ; mais cela suffit. D'ailleurs, aux termes de l'article 906, la personnalité physique ou morale est aussi essentielle pour recevoir par testament que pour recevoir par donation. Par application de ce principe, le legs fait directement en faveur d'une personne morale non reconnue est non avenu. On admet cependant qu'il est valable, s'il peut être considéré comme une charge d'un legs fait à une personne capable, la reconnaissance ultérieure de l'établissement appelé à profiter de cette charge lui donnant le droit d'en réclamer l'exécution (Aubry et Rau § 649, texte et note 8). Pourquoi n'en serait-il pas de même, quand au lieu d'être apposée à une disposition testamentaire, la charge est apposée à un acte entre vifs ? (Comp. Troplong des donat.

bonne volonté, pouvaient paraître acceptables, le droit commun aurait suffi complètement aux exigences de l'institution de l'assurance sur la vie, rendant ainsi inutile tout recours, soit à l'intervention législative, soit aux pratiques du vieux droit honoraire dont les décisions judiciaires accusent encore de loin en loin la survie.

---

entre vifs, II n°s 614 et 615 ; — sur ce qu'il faut entendre par personnes incertaines, *eod.* n° 544 ; Dall. suppl. au répert. v° *Disp. ent. vifs et testam.* n°s 109 et 110 ; Aubry et Rau, §§ 655 et 656, texte et notes 4 et suiv.). D'après la définition de ces auteurs, les enfants à naître d'un individu ne doivent pas être considérés comme des personnes incertaines ; ce sont des personnes futures, ce qui n'est pas la même chose. Par personnes incertaines il faut entendre celles dont l'individualité n'est ni actuellement déterminée, ni susceptible de l'être dans la suite. Les personnes futures sont celles qui n'existent pas actuellement, mais dont l'existence est atten due. Qui dit personne incertaine ne dit pas nécessairement personne future et réciproquement. Les avantages dont les premières sont l'objet doivent rester non avenus, qu'ils leur soient adressés directement par donation ou par testament, ou indirectement, à l'aide d'une charge imposée à une personne capable de recevoir. L'indétermination du bénéficiaire de l'acte s'oppose en effet à l'exécution de la volonté du disposant. Si de leur côté, les personnes futures ne peuvent être directement l'objet d'une libéralité, c'est que l'existence est une condition en l'absence de laquelle on ne peut figurer dans un acte en qualité de partie (art. 906 C. civ.). Mais rien n'empêche de les gratifier indirectement, à l'aide d'une charge imposée à une personne capable, si leur individualité à venir est susceptible d'être déterminée au moment de l'exécution de cette charge. Or n'est-il pas possible de reconnaître entre tous et de désigner les enfants d'une personne donnée ? (V. Troplong et les exemples par lui cités n°s 614 et 615.) Au surplus il serait peut-être téméraire d'affirmer que la Cour de cassation a dit son dernier mot sur ce point (V. Cass. 2 juillet 1884 précité, la note et le rapport de M. le conseiller Crépon).

Nota. — Les termes dont l'assuré se servirait dans la police indiqueraient aisément s'il a entendu provoquer l'application de l'article 1121 du Code civil ou s'en tenir à celle de l'article 1122.

TABLE

PANDECTES FRANÇAISES

NOUVEAU RÉPERTOIRE

DE DOCTRINE, DE LÉGISLATION ET DE JURISPRUDENCE

RÉDIGÉ SOUS LA DIRECTION DE

M. RIVIÈRE

Conseiller à la Cour de cassation

AVEC LA COLLABORATION DE MM. :

AUBÉPIN, président du Tribunal civil de la Seine.

AUBERTIN, conseiller à la Cour d'appel d'Aix.

BAGNERIS (Ch.), conseiller à la Cour d'appel de Paris.

BALLOT-BEAUPRÉ, conseiller à la Cour de cassation.

BANASTON, procureur de la République près le tribunal de la Seine.

BARBIER, premier président de la Cour de cassation.

BEAUCHET, professeur à la Faculté de droit de Nancy.

BERNARD, conseiller à la Cour de cassation.

BERTON, conseiller à la Cour d'Orléans.

BLANCHE (Alfred), ancien conseiller d'Etat.

BOUTMY, membre de l'Institut, directeur de l'Ecole libre des sciences politiques.

BUCHÈRE, conseiller à la Cour d'appel de Paris.

CHATEL, professeur à la Faculté de droit de Rennes.

CHAUFTON, avocat au conseil d'Etat et à la Cour de cassation.

COLMET DE SANTERRE, membre de l'Institut, doyen de la Faculté de droit de Paris.

DAUPHIN, sénateur, ancien ministre.

DEVÈS, sénateur, ancien garde des sceaux.

DUBOIN, procureur général près la Cour d'appel de Grenoble.

DUFRAISSE, avocat à la Cour d'appel de Paris, directeur du *Journal des tribunaux de commerce*.

FABREGUETTES, premier président de la Cour d'appel de Toulouse.

FALATEUF (Oscar), ancien bâtonnier de l'ordre des avocats à la Cour d'appel de Paris.

FALCIMAIGNE, substitut du procureur général près la Cour d'appel de Paris.

FAURE (Fernand), professeur à la Faculté de droit de Bordeaux.

FÉRAUD-GIRAUD, conseiller à la Cour de cassation.

FLAMAND, avocat à la Cour d'appel de Paris, rédacteur en chef du journal *la Loi*.

FOURCADE, premier président de la Cour d'appel de Lyon.

GARNIER, conseiller-maître à la Cour des comptes.

GUILLOUARD, professeur à la Faculté de droit de Caen.

HORTELOUP, conseiller à la Cour d'appel de Paris.

HOUYVET, premier président de la Cour d'appel de Caen.

HUGUES, conseiller à la Cour d'appel d'Alger.

HUMBERT, sénateur, premier président de la Cour des comptes.

LAINE, professeur à la Faculté de droit de Paris.

LAVOLLÉE (René), ancien Consul général de France.

LEFEBVRE, professeur à la Faculté de droit de Paris.

LOUIS-LUCAS, professeur agrégé à la Faculté de droit de Dijon.

MAILLET, procureur général près la Cour d'appel de Dijon.

MARIGNAN, premier président de la Cour d'appel de Dijon.

MULLE, conseiller à la Cour d'appel de Paris.

MUTEAU, conseiller à la Cour d'appel de Paris.

OGER DU ROCHER, premier président de la Cour d'appel de Limoges.

PALLAIN, conseiller d'Etat, directeur général des douanes.

PÉRIVIER, premier président de la Cour d'appel de Paris.

POUILLET, avocat à la Cour d'appel de Paris.

RUBEN DE COUDER, conseiller à la Cour de cassation.

SERRE, premier président de la Cour d'appel de Nancy.

SERRES DE GAUZY, ancien magistrat, avocat.

VILLEY (E.), doyen de la Faculté de droit de Caen.

WEISS, professeur à la Faculté de droit de Dijon.

MODE DE PUBLICATION

Le Répertoire se publie en volumes in-4° imprimés en deux colonnes avec des caractères entièrement neufs, sur beau papier glacé. Chaque volume comprend 800 pages, et le prix en est fixé à **Vingt-cinq francs** broché et **Vingt-huit francs** relié.

Mais, pour les souscripteurs à l'ouvrage complet, le prix en est réduit à **Vingt francs le volume** broché et **Vingt-trois francs** relié, payables après réception de chaque volume.

CODES FRANÇAIS

ET

LOIS USUELLES

DÉCRETS, ORDONNANCES ET AVIS DU CONSEIL D'ÉTAT

QUI LES COMPLÈTENT OU LES MODIFIENT

CONFORMES AUX TEXTES OFFICIELS

AVEC UNE

CONFÉRENCE DES ARTICLES BASÉE PRINCIPALEMENT SUR LA JURISPRUDENCE

ANNOTÉS

DES ARRÊTS DE LA COUR DE CASSATION

ET DES CIRCULAIRES MINISTÉRIELLES

PAR

H. F. RIVIÈRE

Docteur en droit, conseiller à la Cour de cassation

avec le concours de MM. :

FAUSTIN HÉLIE	PAUL PONT
MEMBRE DE L'INSTITUT, VICE-PRÉSIDENT DU CONSEIL D'ÉTAT	MEMBRE DE L'INSTITUT, PRÉSIDENT HONORAIRE A LA COUR DE CASSATION

Une nouvelle Édition, revue et augmentée, paraît chaque année vers la fin d'octobre.

Un très fort volume grand in-8º......... **25** fr. broché.

LES MÊMES DANS LE FORMAT DE POCHE (IN-32 COLOMBIER)

Suivis des textes de l'ancien droit mis en rapport avec la législation en vigueur.

Prix : 6 francs broché.

Reliure demi-chagrin : pour l'in-8º, 3 fr. ; pour l'in-32, 1 fr. 50.

ON VEND SÉPARÉMENT :

Dans le format in-8º			Dans le format in-32		
Les six Codes en 1 vol....	12	50	Les six Codes en 1 vol....	3	50
Les Lois usuelles........	12	50	Les Lois usuelles.........	3	5)
Le Code civil..........	5	»	Le Code civil............	1	50
Le Code de procédure civile.	3	50	Le Code de procéd. civile...	1	50
Le Code de commerce....	3	»	Le Code de commerce......	1	50
Les Codes d'instruction criminelle et pénal	5	»	Les Codes d'instruction criminelle et pénal	1	50
Le Code forestier........	1	50	Le Code forestier.........	0	75

Cartonnage des Codes séparés, in-32...... 0 fr. 50.

AVIS IMPORTANT

Chaque exemplaire in-8º contient quatre bons permettant de retirer gratuitement pendant quatre ans les suppléments publiés annuellement et destinés à mettre les Codes au courant des dernières dispositions législatives.

PANDECTES CHRONOLOGIQUES

OU

COLLECTION NOUVELLE RÉSUMANT LA JURISPRUDENCE

DE **1789** A **1886**

DATE DE LA CRÉATION DU

RECUEIL MENSUEL

COMPRENANT

TOUTES LES DÉCISIONS IMPORTANTES ET PRATIQUES DE LA COUR DE CASSATION
DES COURS D'APPEL, DES TRIBUNAUX CIVILS, DE COMMERCE ET DE PAIX
DU TRIBUNAL DES CONFLITS, DU CONSEIL D'ÉTAT
DES CONSEILS DE PRÉFECTURE ET AUTRES JURIDICTIONS

PAR

M. RUBEN DE COUDER

CONSEILLER A LA COUR DE CASSATION

Sous le patronage des principaux collaborateurs des PANDECTES FRANÇAISES

6 beaux vol. in-4°, imprimés sur deux colonnes,
en caractères neufs, dont le prix, pour les souscripteurs,
est de **20** francs le volume broché, et **23** francs relié.

Faisant suite à cette publication :

RECUEIL MENSUEL

DE JURISPRUDENCE ET DE LÉGISLATION

DES

PANDECTES FRANÇAISES

PUBLIÉ

Sous le patronage et avec la collaboration de membres les plus éminents
de la magistrature, de l'école et du barreau

Formant chaque année un volume de plus de 1,200 pages, divisé en 6 parties :

1° Arrêts de la Cour de cassation;
2° Jurisprudence des cours et tribunaux;
3° Lois annotées;
4° Jurisprudence administrative;

5° Jurisprudence et législation étrangères;
6° Jurisprudence en matière d'enre-
gistrement, de timbre, etc. Instruc-
tions et solutions de la régie.

Abonnement : **20** *francs par an.*

Chaque année parue forme un beau volume in-4°. Prix (*franco*) : **20** fr.;
relié, **23** fr.

Imp de la Soc. de Typ. - Noizette, 8 r. Campagne-Première. Paris.

www.ingramcontent.com/pod-product-compliance
Ingram Content Group UK Ltd.
Pitfield, Milton Keynes, MK11 3LW, UK
UKHW021003120726
13693UKWH00004B/1771